HIDE & SPEAK
WELSH

Catherine Bruzzone and Susan Martineau
Translated by Elin Meek
Illustrated by Louise Comfort

RILY

Ar y fferm - On the farm

1	Mae'r **gath** yn rhedeg ar ôl y **llygoden**.	1	**The cat** is chasing **the mouse**.
2	Mae'r **ci**'n cysgu yn yr haul.	2	**The dog** is sleeping in the sun.
3	Mae'r **ceffyl** yn y stabl.	3	**The horse** is in the stable.
4	Mae'r **fuwch** yn rhoi llaeth.	4	**The cow** gives milk.
5	Mae'r **mochyn** yn bwyta llawer!	5	**The pig** is eating a lot!
6	Mae'r **defaid** yn y cae.	6	**The sheep** are in the field.
7	Mae'r **hwyaden** yn nofio ar y llyn.	7	**The duck** is swimming on the pond.
8	Mae'r **afr** yn bwyta gwair.	8	**The goat** is eating grass.

y gath

uh gahth

y llygoden

uh lluh-go-den

y ci

uh kee

y ceffyl

uh keh-phil

y fuwch

uh vyoukh

y mochyn

uh mohkh-in

y ddafad

uh thah-vad

yr hwyaden

uhr hooee-ah-den

yr afr

uhr ahvr

Yn yr ystafell ddosbarth - In the classroom

1	Mae'r **athrawes** yn gweiddi "Tawelwch!"	1	**The teacher** calls "Silence!"
2	Mae Lowri ar **y gadair**.	2	Lowri is on **the chair**.
3	Mae Rhys o dan **y bwrdd**.	3	Rhys is under **the table**.
4	Mae Alun yn taflu'**r llyfr**.	4	Alun is throwing **the book**.
5	Mae Megan yn sgriblan â'**r pensiliau lliw**.	5	Megan is scribbling with **the coloured penci**
6	Mae Dylan yn gollwng **y glud**.	6	Dylan drops **the glue**.
7	Mae Gwen yn torri'**r papur**.	7	Gwen is cutting up **the paper**.
8	Mae'**r pen** ar **y bwrdd**.	8	The pen is on **the table**.
9	Ac mae Gareth yn chwarae'n dawel ar **y cyfrifiadur**!	9	And Gareth is playing quietly on **the computer**!

Yr ystafell ddosbarth - The classroom

yr athrawes
uhr ah-thrah-wess

y gadair
uh gah-dah-eer

y bwrdd
uh boorth

y llyfr
uh lluh-vir

y pensil lliw
uh pen-sill llioo

y glud
uh gleed

y papur
uh pap-ihr

y pen
uh pen

y cyfrifiadur
uh kuh-vriv-yah-dihr

5

Cyffyrdda dy ben - Touch your head

1 Rwy'n cyffwrdd â **fy mhen.**

2 Rwy'n cyffwrdd â **fy llygaid.**

3 Rwy'n cyffwrdd â **fy nhrwyn.**

4 Rwy'n cyffwrdd â **fy ngheg.**

5 Rwy'n cyffwrdd â **fy ysgwyddau.**

6 Rwy'n cyffwrdd â **fy mraich.**

7 Rwy'n cyffwrdd â **fy llaw.**

8 Rwy'n cyffwrdd â **fy nghoes.**

9 Rwy'n cyffwrdd â **fy nhroed.**

1 I'm touching **my head.**

2 I'm touching **my eyes.**

3 I'm touching **my nose.**

4 I'm touching **my mouth.**

5 I'm touching **my shoulders.**

6 I'm touching **my arm.**

7 I'm touching **my hand.**

8 I'm touching **my leg.**

9 I'm touching **my foot.**

y pen

uh pen

y llygaid

uh lluh-guide

y trwyn

uh trooeen

y geg

uh gehg

yr ysgwyddau

uhr us-gooee-thy

y fraich

uh vrah-eekh

y llaw

uh lla-oo

y goes

uh goyss

y droed

uh droid

Yn y jyngl - In the jungle

1	buwch **goch** gota	1	a **red** ladybird
2	pili-pala **glas**	2	a **blue** butterfly
3	deilen **werdd**	3	a **green** leaf
4	ffrwyth **melyn**	4	a **yellow** fruit
5	parot **oren**	5	an **orange** parrot
6	morgrugyn **du**	6	a **black** ant
7	pili-pala **gwyn**	7	a **white** butterfly
8	blodyn **porffor**	8	a **purple** flower
9	cangen **frown**	9	a **brown** branch

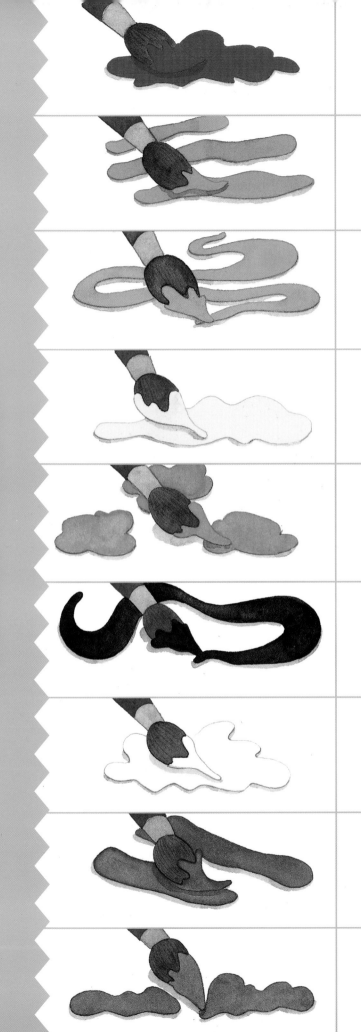

coch / goch

kohkh / gohkh

glas / las

glahss / lahss

gwyrdd / werdd

goo-eerth / oo-eehrth

melyn / felen

meh-lin / feh-lehn

oren

orehn

du / ddu

dee / thee

gwyn / wen

g-win / when

porffor / borffor

pohrphor / bohrphor

brown / frown

brohoon / frohoon

Y blwch gwisgo - The dressing-up box

1	Rwy'n gwisgo'**r sgert**.	1	I'm putting on **the skirt**.
2	Wyt ti'n gwisgo'**r ffrog**?	2	Ar you putting on **the dress**?
3	Mae Carys yn gwisgo'**r trowsus**.	3	Carys is putting on **the trousers**.
4	Mae Geraint yn gwisgo'**r got**.	4	Geraint is putting on **the coat**.
5	Rydyn ni'n gwisgo'**r esgidiau**.	5	We're putting on **the shoes**.
6	Mae Huw a Dafydd yn gwisgo'**r crys**.	6	Huw and Dafydd are putting on **the shirt**
7	Mae Bethan yn gwisgo'**r pyjamas**.	7	Bethan is putting on **the pyjamas**.
8	Mae'r baban yn gwisgo'**r sanau**.	8	The baby is putting on **the socks**.
9	Mae'r ci'n gwisgo'**r het**.	9	The dog is putting on **the hat**.

Dillad - Clothes

	y sgert *uh sgehrt*
	y ffrog *uh frog*
	y trowsus *uh troh-oosis*
	y got *uh got*
	yr esgidiau *uhr eh-skid-eeahy*
	y crys *uh crease*
	y pyjamas *uh pyjamas*
	y sanau *uh saneh*
	yr het *uhr het*

11

Diwrnod yn y sŵ - A day at the zoo

1 Mae un bach gan **y jiràff**.	1 **The giraffe** has a baby.
2 Mae'r **llew** yn cysgu o dan y goeden.	2 **The lion** is sleeping under the tree.
3 Mae'r **teigr** yn bwyta ei bryd bwyd.	3 **The tiger** is eating its meal.
4 Mae'r **eliffant** yn ymolchi.	4 **The elephant** is washing.
5 Mae'r **crocodeil** yn nofio yn y llyn.	5 **The crocodile** is swimming in the lake.
6 Mae'r **neidr** yn y goeden.	6 **The snake** is in the tree.
7 Mae'r **arth wen** yn dringo ar graig.	7 **The polar bear** is climbing on a rock.
8 Mae'r **hipo** yn hoffi'r mwd.	8 **The hippopotamus** likes mud.
9 Mae'r **dolffin** yn neidio yn yr awyr.	9 **The dolphin** is jumping in the air.

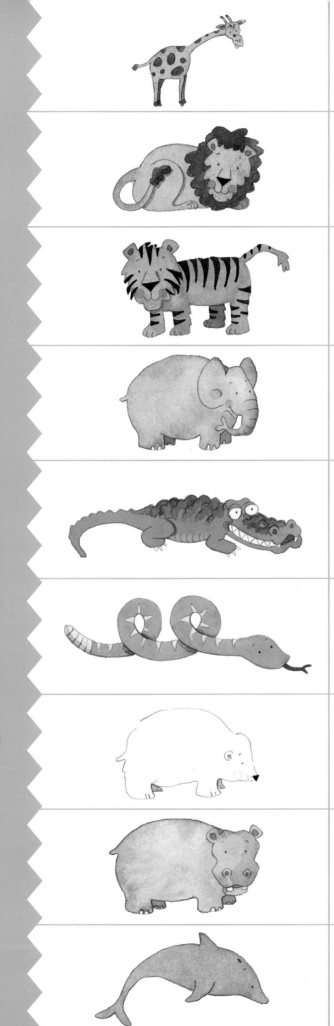

y jiràff

uh giraffe

y llew

uh lle-oo

y teigr

uh tay-grr

yr eliffant

uhr el-ee-phant

y crocodeil

uh crocodeyl

y neidr

uh neydr

yr arth wen

uhr ahrth ooen

yr hipo

uhr hipo

y dolffin

uh dolphin

13

Yn y stryd - In the street

1	Mae'r ddynes yn croesi'r stryd.	1	The woman is crossing **the street**.
2	Mae'r plant ar **y palmant**.	2	The children are on **the pavement**.
3	Mae'r **bws** yn stopio wrth **y safle bws**.	3	**The bus** stops at **the bus stop**.
4	Mae'r **lori**'n stopio wrth **y goleuadau traffig**.	4	**The lorry** stops at **the traffic lights**.
5	Mae'r bachgen ar **y beic**.	5	The boy is on **the bicycle**.
6	Mae'r **car** yn goch.	6	**The car** is red.
7	Mae **car yr heddlu**'n mynd yn gyflym.	7	**The police car** is going fast.

y stryd
uh streed

y palmant
uh pahl-mahnt

y bws
uh booss

y safle bws
uh savleh booss

y lori
uh lohree

y goleuadau traffig
uh goh-ley-ahd-eh trahphig

y beic
uh bake

y car
uh cahr

car yr heddlu
cahr uhr hethlee

Ar lan y môr - At the beach

1	Mae'r **môr** yn las.	1	**The sea** is blue.
2	Mae'r **tywod** yn felyn.	2	**The sand** is yellow.
3	Mae'r **wylan** yn bwyta'r **pysgodyn**.	3	**The seagull** is eating **the fish**.
4	Mae'r **gwymon** yn wyrdd.	4	**The seaweed** is green.
5	Mae'r **gragen** ar **y graig**.	5	**The shell** is on **the rock**.
6	Mae'r plant yn **y cwch hwylio**.	6	The children are in **the sailing boat**.
7	Mae llawer o **donnau** mawr.	7	There are lots of big **waves**.

y môr
uh mohr

y tywod
uh tow-odd

yr wylan
uh ooee-lan

y pysgodyn
uh puhs-god-in

y gwymon
uh gooee-mohn

y gragen
uh grah-gehn

y graig
uh graheeg

y cwch hwylio
uh cookh hooeelyo

y don
uh don

Fy nheulu - My family

1	Mae **fy mam** yn eistedd wrth y bwrdd.	1	**My mother** is sitting at the table.
2	Mae **fy nhad** yn siarad â **fy nhad-cu / fy nhaid**.	2	**My father** is talking to **my grandfather**.
3	Mae **fy mrawd** yn chwarae â'i drên.	3	**My brother** is playing with his train.
4	Mae **fy mam-gu / fy nain** yn bwyta.	4	**My grandmother** is eating.
5	Mae **fy modryb** yn helpu **fy chwaer**.	5	**My aunt** is helping **my sister**.
6	Mae **fy ewythr** yn yfed dŵr.	6	**My uncle** is drinking water.
7	Mae **fy nghefndryd** yn gwylio'r teledu.	7	**My cousins** are watching television.

fy mam / mam
vuh mam / mam

fy nhad / dad
vuh nhahd / dad

fy chwaer
vuh chooaeer

fy mrawd
vuh mraood

fy mam-gu / fy nain*
vuh mam-ghee / vuh nine

*mam-gu is preferred in south Wales; nain is preferred in north Wales.

fy nhad-cu / fy nhaid*
vuh nhahd-kee / vuh nhaeed

*tad-cu is preferred in south Wales; taid is preferred in north Wales.

fy modryb
vuh moh-dribb

fy ewythr
vuh eoo-ee-thr

fy nghefndryd
vuh ng-heahven-drid

Amser parti! - Party time!

1	Mae Siân yn bwyta **brechdan**.	1 Siân is eating a **sandwich**.
2	Mae'r baban eisiau **siocled**.	2 The baby wants some **chocolate**.
3	Mae'**r deisen / gacen** ar y bwrdd.	3 **The cake** is on the table.
4	Mae'**r sglodion** yn boeth!	4 **The chips** are hot!
5	Mae'**r pitsa** bron â gorffen.	5 **The pizza** is almost finished.
6	Mae **hufen iâ** gan Siôn.	6 Siôn has **an ice-cream**.
7	Wyt ti eisiau **cola** neu **sudd oren**?	7 Do you want **cola** or **orange juice**?
8	Mae'n well gen i gael **dŵr**.	8 I prefer to have **water**.

y frechdan

uh <u>vreh-kh</u>-dan

y siocled

uh <u>shok</u>-led

y deisen / y gacen*

uh <u>day</u>-sen/uh <u>gak</u>-en

teisen is preferred in south Wales; cacen is preferred in north Wales.

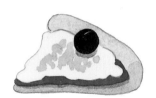

y sglodion

uh <u>sklod</u>-dee-on

y pitsa

uh <u>peetsah</u>

yr hufen iâ

uhr <u>hee</u>-ven <u>yah</u>

y cola

uh <u>koh</u>-la

y sudd oren

uh seethe <u>ohren</u>

y dŵr

uh d-oo-r

Prynu teganau - Shopping for toys

1	Mae'r **tedi**'n fwy na'r bachgen.	1	**The teddy** is bigger than the boy.
2	Mae Anwen yn chwarae gyda'r **robot**.	2	Anwen is playing with **the robot**.
3	Mae Owain eisiau prynu'**r bêl**.	3	Owain wants to buy **the ball**.
4	Oes well gen ti'**r pos** neu'r **gêm**?	4	Do you prefer **the puzzle** or **the game**?
5	Mae **pêl-droed pen bwrdd** yn hwyl!	5	**Table football** is fun!
6	Mae Bethan a Hefin yn edrych ar **y gêm gyfrifiadur**.	6	Bethan and Hefin are looking at the **computer game**.
7	Mae Dad yn prynu'**r awyren fodel**.	7	Dad is buying **the model aeroplane**.
8	Mae'r merched yn hoffi'**r gleiniau**.	8	The girls like **the beads**.

y tedi

uh teh-dee

y robot

uh rohbot

y bêl

uh behl

y pos

uh pohs

y gêm

uh gehm

y pêl-droed pen bwrdd

uh pehl- droid pen boordd

y gêm gyfrifiadur

uh gehm guh-vriv-yah-dihr

yr awyren fodel

uhr ah-oo-uhr-ehn vohdel

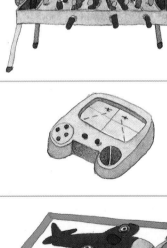

y gleiniau

uh gley-nee-eh

Golchi'r llestri - Washing up

1   Mae Dad yn golchi'r llestri yn **y sinc**.
2   Mae Mam yn torri'r afal â'**r gyllell**.
3   Mae'**r llwy** a'**r fforc** yn frwnt.
4   Mae **gwydr** o ddŵr gan Cari.
5   Mae'r gath yn edrych yn **yr oergell**!
6   Mae'**r plât** yn cwympo.
7   Mae'**r sosbenni** ar **y popty**.

1   Daddy is washing up in **the sink**.
2   Mummy is cutting the apple with **the knife.**
3   **The spoon** and **the fork** are dirty.
4   Cari has **a glass** of water.
5   The cat is looking in **the fridge**!
6   **The plate** is falling down.
7   **The saucepans** are on **the cooker**.

y sinc

uh sink

y gyllell

uh guh-lleh-ll

y llwy

uh lloo-ee

y fforc

uh foh-rk

y gwydr

uh goo-ee-dir

yr oergell

uhr oheer-geh-ll

y plât

uh plaht

y sosban

uh sosban

y popty

uh pop-tee

Yn y wlad - In the country

1	Mae Elen yn dringo'r **goeden**.	1	Helen is climbing **the tree**.
2	Mae'**r borfa**'n wyrdd.	2	**The grass** is green.
3	Mae'**r cae** yn llawn **blodau**.	3	**The field** is full of **flowers**.
4	Mae'**r mynydd** yn uchel iawn.	4	**The mountain** is very high.
5	Mae llawer o **goed** yn y **goedwig**.	5	There are a lot of **trees** in the **forest**.
6	Mae'**r bont** yn croesi'**r afon**.	6	**The bridge** crosses **the river**.
7	Mae'**r aderyn** yn gwneud ei nyth.	7	**The bird** is making its nest.

y goeden

uh goy-den

y borfa

uh bohr-va

y cae

uh ka-ee

y blodyn

uh bloh-din

y mynydd

uh muhn-ith

y goedwig

uh goy-doo-ig

y bont

uh bont

yr afon

uhr ahvon

yr aderyn

uhr ah-dehr-in

Amser bath - Bathtime

1	Mae Marc yn ymolchi â'r **sebon**.	1	Marc is washing himself with **the soap**.
2	Mae'r **basn ymolchi** yn llawn dŵr.	2	**The washbasin** is full of water.
3	Mae Huw'n chwarae â'r **gawod**.	3	Huw is playing with **the shower**.
4	Mae'r gath yn cysgu ar **y tywel**.	4	The cat is sleeping on **the towel**.
5	Mae'r **toiled** wrth ymyl **y bath**.	5	**The toilet** is next to **the bath**.
6	Mae Mared yn rhoi **past dannedd** ar **y brws dannedd**.	6	Mared is putting **toothpaste** on **the toothbrush**.
7	Mae'r **drych** uwchben **y basn ymolchi**.	7	**The mirror** is above **the washbasin**.

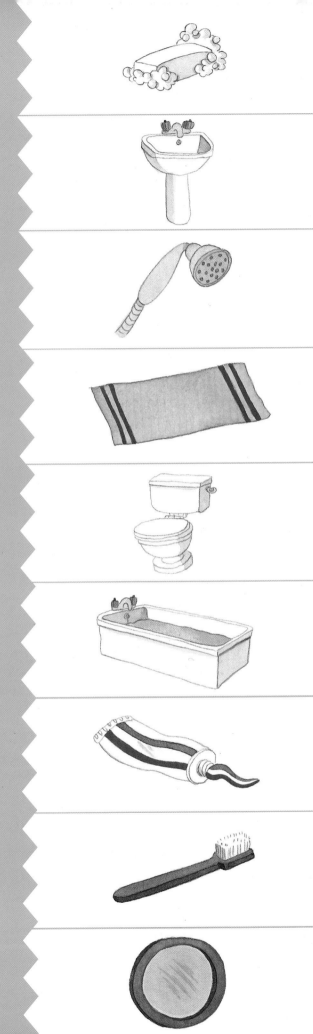

y sebon

uh seh-bon

y basn ymolchi

uh basn uh-mohl-khee

y gawod

uh gahoo-ohd

y tywel

uh tuhoo-ehl

y toiled

uh toy-lehd

y bath

uh bath

y past dannedd

uh pahst dan-eth

y brws dannedd

uh broosh dan-eth

y drych

uh dreekh

Yn fy ystafell wely - In my bedroom

1	Rwy'n cysgu yn **fy ngwely**.	1	I'm sleeping in **my bed**.
2	Mae'r **cloc larwm** ar **y silff**.	2	**The alarm clock** is on **the shelf**.
3	Rwy'n hoffi gwylio'**r teledu**.	3	I like watching **television**.
4	Mae **fy ngwely** ger **y ffenest**.	4	**My bed** is near **the window**.
5	Mae fy nillad yn **fy nghwpwrdd dillad**.	5	My clothes are in **the wardrobe**.
6	Mae **fy chwaraewr MP3** ar **y mat**.	6	**My MP3 player** is on **the rug**.
7	Mae Mam yn agor **y drws**.	7	Mummy is opening **the door**.

y gwely
uh goo-eh-lee

y cloc larwm
uh klok lahroom

y silff
uh sylph

y teledu
uh tel-eh-dee

y ffenest
uh feh-nest

y cwpwrdd dillad
uh coop-oorth dee-llad

y chwaraewr MP3
uh khwah-ray-oor em pee tree

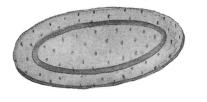

y mat
uh mat

y drws
uh drooss

Word list * indicates a feminine noun / form

Ar y fferm p.2 / **On the farm**

Anifeiliaid fferm / **Farm animals**

*buwch – y fuwch	cow
*cath – y gath	cat
ceffyl – y ceffyl	horse
ci – y ci	dog
*dafad – y ddafad	sheep
*gafr – yr afr	goat
*hwyaden – yr hwyaden	duck
*llygoden – y llygoden	mouse
mochyn – y mochyn	pig

Yn yr ystafell ddosbarth p. 4 / **In the classroom**

Yr ystafell ddosbarth / **The classroom**

*athrawes – yr athrawes	teacher (female)
bwrdd – y bwrdd	table
*cadair – y gadair	chair
cyfrifiadur – y cyfrifiadur	computer
glud – y glud	glue
llyfr – y llyfr	book
papur – y papur	paper
pen – y pen	pen
pensil lliw – y pensil lliw	coloured pencil

Cyffyrdda dy ben p. 6 / **Touch your head**

Y corff / **The body**

*braich – y fraich	arm
*ceg – y geg	mouth
*coes – y goes	leg
*llaw – y llaw	hand
llygaid – y llygaid	eyes
pen – y pen	head
*troed – y droed	foot
trwyn – y trwyn	nose
ysgwyddau – yr ysgwyddau	shoulders

Yn y jyngl p. 8 / **In the jungle**

Lliwiau / **Colours**

brown / *frown	brown
coch / *goch	red
du / *ddu	black
glas / *las	blue
gwyn / *wen	white
gwyrdd / *werdd	green
melyn / *felen	yellow
oren	orange
porffor / *borffor	purple

Y blwch gwisgo p. 10 / **The dressing-up box**

Dillad / **Clothes**

*cot – y got	coat
crys – y crys	shirt
*esgid(iau) – yr esgid(iau)	shoe(s)
*ffrog – y ffrog	dress
*het – yr het	hat
pyjamas – y pyjamas	pyjamas
sanau – y sanau	socks
*sgert – y sgert	skirt
trowsus – y trowsus	trousers

Diwrnod yn y sw p. 12 / **A day at the zoo**

Anifeiliaid gwyllt / **Wild animals**

*arth wen – yr arth wen	polar bear
crocodeil – y crocodeil	crocodile
dolffin – y dolffin	dolphin
eliffant – yr eliffant	elephant
hipo – yr hipo	hippopotamus
jiráff – y jiráff	giraffe
llew – y llew	lion
*neidr – y neidr	snake
teigr – y teigr	tiger

Yn y stryd p. 14 / **In the street**

Y stryd / **The street**

bws – y bws	bus
car – y car	car
car yr heddlu	police car
beic – y beic	bicycle
y goleuadau traffig	traffic lights
*lori – y lori	lorry
palmant – y palmant	pavement
safle bws – y safle bws	bus stop
*stryd – y stryd	street

Ar lan y mor p. 16 / **At the beach**

Y traeth / **The beach**

*cragen – y gragen	shell
*craig – y graig	rock
y cwch hwylio	sailing boat
*gwylan – yr wylan	seagull
gwymon – y gwymon	seaweed
môr – y môr	sea
pysgodyn – y pysgodyn	a fish
*ton – y don	wave
tywod – y tywod	sand

Fy nheulu p. 18 / **My family**

Y teulu / **The family**

brawd – fy mrawd	(my) brother
cefndryd – fy nghefndryd	(my) cousins
*chwaer – fy chwaer	(my) sister
ewythr – fy ewythr	(my) uncle
*mam – fy mam	(my) mother
*mam-gu / nain – fy mam-gu / nain	(my) grandmother
*modryb – fy modryb	(my) aunt
tad – fy nhad	(my) father
tad-cu / taid – fy nhad-cu / nhaid	(my) grandfather

Amser parti! p. 20 / **Party time!**

Y parti / **The party**

*brechdan – y frechdan	sandwich
cola – y cola	cola
dŵr – y dŵr	water
hufen iâ – yr hufen iâ	ice-cream
pitsa – y pitsa	pizza
sglodion – y sglodion	chips
siocled – y siocled	chocolate
sudd oren – y sudd oren	orange juice
*teisen / *cacen – y deisen / gacen	cake

Prynu teganau p. 22 / **Shopping for toys**

Teganau / **Toys**

cit *awyren fodel	model aeroplane kit
*gêm – y gêm	game
y *gêm gyfrifiadur	computer game
gleiniau – y gleiniau	beads
*pêl – y bêl	pêl
y pêl-droed pen bwrdd	table football
pos – y pos	puzzle
robot – y robot	robot
tedi – y tedi	tedi

Golchi llestri p. 24 / **Washing up**

Y gegin / **The kitchen**

*cyllell – y gyllell	knife
*fforc – y fforc	fork
gwydr – y gwydr	glass
*llwy – y llwy	spoon
*oergell – yr oergell	fridge
plât – y plât	plate
popty – y popty	cooker
sinc – y sinc	sink
*sosban – y sosban	saucepan

Yn y wlad p. 26 / **In the country**

Y wlad / **The country**

aderyn – yr aderyn	bird
*afon – yr afon	river
blodyn – y blodyn	flower
cae – y cae	field
*coeden – y goeden	tree
*coedwig – y goedwig	forest
mynydd – y mynydd	mountain
*pont – y bont	bridge
*porfa – y borfa	grass

Amser bath p. 28 / **Bathtime**

Yr ystafell ymolchi / **The bathroom**

y basn ymolchi	washbasin
bath – y bath	bath
y brws dannedd	toothbrush
*cawod – y gawod	shower
drych – y drych	mirror
y past dannedd	toothpaste
sebon – y sebon	soap
toiled – y toiled	toilet
tywel – y tywel	towel

Yn fy ystafell wely p. 30 / **In my bedroom**

Yr ystafell wely / **The bedroom**

y cloc larwm	alarm clock
y cwpwrdd dillad	wardrobe
drws – y drws	door
*ffenest – y ffenest	window
gwely – y gwely	bed
mat – y mat	mat
*silff – y silff	shelf
teledu – y teledu	television
y chwaraewr MP3	MP3 player